LA FORÊT

PÉRILLEUSE,

OU

LES BRIGANDS DE LA CALABRE;

MÉLODRAME

TROIS ACTES ET EN PROSE;

Par J. M. LOAISEL-TRÉOGATE;

Représenté pour la première fois, à Paris, sur le Théâtre de l'Ambigu-Comique, le 23 Janvier 1800.

A PARIS,

Chez FAGES, Libraire, au Magasin de Pièces de Théâtre, Boulevart St.-Martin, n°. 29, vis-à-vis la rue de Lancry.

DE L'IMPRIMERIE DE CUSSAC, RUE D'ORLEANS S.-HONORÉ, N°. 134.

1816.

<table>
<tr><td>PERSONNAGES.</td><td>Acteurs.</td></tr>
<tr><td>COLISAN, jeune officier au service
du roi de Naples.</td><td>M. Vigneaux.</td></tr>
<tr><td>CAMILLE, amante de Colisan.</td><td>Mlle. Lesvesque.</td></tr>
<tr><td>FRESCO, valet de Colisan.</td><td>M. Corse.</td></tr>
<tr><td>LE CAPITAINE DES VOLEURS.</td><td>M. Defrésne.</td></tr>
<tr><td>MORGAN.
BRISEMONT. } Voleurs. }
L'ARDENT.</td><td>M. Douvry.
M. Dumont.
M. Martin.</td></tr>
<tr><td>Bande de Voleurs.</td><td></td></tr>
</table>

La scène se passe dans une forêt de la Calabre.

Le Théâtre représente au premier acte une antique forêt ; d'un côté, un énorme rocher, de l'autre des buissons, des feuillages, etc.

Au second acte, le Théâtre représente l'intérieur d'une caverne, creusée en voûte fort élevée ; elle est éclairée par une lampe suspendue au milieu. On y voit des siéges, quelques meubles et une guitare. A droite et à gauche sont des rochers. Dans le fond est une espèce de cachot assez spacieux, creusé dans le roc, et de plein-pied à la caverne. L'ouverture en est assez grande pour faire tableau, elle est fermée par une grille de fer, un grand rideau tenu par une tringle, cache la grille et l'ouverture. On voit une clef pendue au rocher voisin. Dans les côtés et dans les angles du fond, sont différentes issues.

Au troisième acte, même décor du second.

LA FORÊT PÉRILLEUSE.

ACTE PREMIER.

SCÈNE PREMIERE.

COLISAN, FRESCO.

FRESCO, *un panier sous le bras.*

Je vous disais bien, monsieur, que nous finirions par nous égarer. Nous voici au beau milieu d'une forêt, tellement embarrassée de ronces et d'épines, qu'on a de la peine à s'y faire un passage.

COLISAN.

Prenons patience nous en sortirons.

FRESCO.

Pour surcroît de malheur, le jour baisse, la nuit va nous surprendre, et vous tombez de lassitude.

COLISAN.

Il est vrai que nous avons beaucoup marché. Reposons-nous ici, un moment.

FRESCO.

Volontiers, car je me meurs d'inanition. (*Ils s'asseyent.*) Heureusement nos petites provisions ne sont pas toutes consommées. Allons, monsieur, mangeons un morceau.

COLISAN.

Mange, mange, mon cher Fresco ; pour moi, je n'ai besoin de rien.

FRESCO, *tirant du vin et des mets de son panier.*

Depuis ce matin que vous n'avez rien pris, au moins buvez un coup.

COLISAN.

Je n'ai ni faim, ni soif.

FRESCO.

Tant pis, monsieur : vous perdez un grand plaisir. Quand après une marche pénible, on éprouve, à-la-fois, un appétit violent et une soif ardente, manger et boire alors, est un délice, une jouissance ....(*Il boit et mange ardemment.*) Pardon, monsieur ; c'est mal à moi, peut-être, d'avoir des plaisirs, que je me repproche, puisque vous ne les partagez pas (*tenant d'une main un morceau de volaille froide, de l'autre un verre de vin.*) Mais comment résister à l'odeur de ces mets, au parfum, au frémissement si doux de cette liqueur vermeille. (*Il boit et il mange.*) Mon cher maître, j'ai partagé vos peines, je les partage encore bien sincèrement, mais il faut y mettre un terme, la vie est trop courte pour en user autrement.

COLISAN.

Pour oublier mes peines, il faudrait en oublier l'objet ; et tu voudrais que, perdant le souvenir de Camille !...

FRESCO.

Camille était une personne accomplie, j'en conviens, pétrie

d'agrémens , brillante d'esprit, énivrée pour vous du plus ardent amour, prête à combler votre bonheur par le don de sa main; tout en elle justifiait votre idolâtrie , lorsqu'elle vous fut enlevée tout-à-coup, par l'événement le plus extraordinaire, mais hélas ! monsieur, voilà quatre jours que vous envoyez des messagers sur toutes les routes, que nous-mêmes nous parcourons tous les pays d'alentours, voilà quatre jours entiers que vos gémissemens redemandent votre amante à toute la nature , et nul indice encore n'a pu vous rien apprendre de sa destinée.

COLISAN.

O Camille ! un destin cruel nous a-t-il séparés pour jamais ?

FRESCO.

Franchement, monsieur, j'en ai peur.

COLISAN.

Lorsque tous deux portés sur les ailes de l'amour, nous allions dans ce château où devait se conclure notre hymen , j'étais loin de penser que ce jour, le plus beau de ma vie, se transformerait pour moi en un jour de deuil !

FRESCO.

Mais , redites-moi donc encore, les circonstances de cette séparation ; car elle me paraît toujours inconcevable.

COLISAN.

Après trois heures de marche, nous touchions au terme de notre voyage : le jour était sur son déclin, la campagne paisible, nous goûtions dans une conversation tendre et animée, les prémices de notre bonheur; nous nous arrangions pour mener une vie délicieuse, lorsque soudain Camille s'aperçoit qu'un bracelet , formé de mes cheveux et de mon portrait , s'est échappé de son bras. Cette perte paraît l'affliger vivement; je lui dis de m'attendre au pied d'un arbre : je m'empresse de retourner sur mes pas. Le bracelet se retrouve; je vole, transporté de joie près de l'objet de ma tendresse : mais, ô ! souvenir affreux !.. plus d'amante, plus d'épouse; Camille avait disparu.

FRESCO.

Si j'avais été là, cela ne fut point arrivé.

COLISAN.

Est-ce un ravisseur? est-ce quelque bête cruelle? toutes mes conjectures sont horribles !

FRESCO.

Votre malheur est bien grand , sans doute; mais, je vous le répète, monsieur, il faut en détourner votre esprit; la raison le conseille, l'exige.

COLISAN.

La raison ! tu me propose d'écouter la raison ?

FRESCO.

Oui, monsieur.

COLISAN.

Ah ! tu n'as point connu l'amour.

(5)

FRESCO.

Pardonnez-moi, je l'ai connu, dont bien me fâche ; l'amour,
ainsi qu'à vous, m'a causé des peines assez cuisantes ; mais,
bien convaincu présentement que le chagrin opère les plus
tristes métamorphoses ; qu'il fait un ours d'un homme aimable, et une bête d'un homme d'esprit ; quand il veut s'em-
parer de moi, monsieur, je le lui résiste, je le combats, et je
finis toujours par en triompher.

COLISAN, *avec un léger sourire.*

Et quels sont tes moyens pour cela ?

FRESCO.

Un seul, immanquable et à la portée de tout le monde ;
c'est le vin.

COLISAN.

Fi !

FRESCO.

Oui, monsieur, le vin ; buvez, croyez-moi, buvez fort et
vous serez consolé. Mais, enfin, que résolvons-nous ?

COLISAN.

Je ne sais.

FRESCO.

Le soleil se couche, vous ne prétendez pas que, cette nuit,
nous ayons pour ciel de lit, la voûte du firmament ?

COLISAN.

Prenons un sentier, le premier venu.

FRESCO.

Je n'en vois point.

COLISAN.

Eh bien, marchons tout droit devant nous.

FRESCO.

Sans savoir où ?

COLISAN.

Sans savoir où : nous arriverons toujours quelque part.

FRESCO.

Allons donc sur la foi du hasard, puisse-t-il nous conduire
dans quelque bon gîte, sans accident et sans mésaventure !
(*Ils font quelques pas pour sortir ; Fresco s'arrête effrayé.*)
Monsieur, j'aperçois plusieurs hommes.

COLISAN.

De quel côté ?

FRESCO.

Tout là-bas, à travers ces arbres. Les distinguez-vous ?

COLISAN.

Oui, je les aperçois.

FRESCO.

Ils sont armés !

COLISAN.

Par précaution, apparemment. Ce sont des voyageurs....

FRESCO.

Des voyageurs ne vont pas ainsi par bande. Regardez, ils sont en grand nombre. Monsieur, évitons leur rencontre.

COLISAN.

Tu seras donc toujours poltron ?

FRESCO.

Ce n'est point poltronnerie, c'est prudence. Il arrive d'étranges choses dans les forêts, quand on voyage ; celle-ci, surtout ; on y court mille dangers, mille hasards, vous le savez, on nous en a prévenus sur toute la route... Cachons-nous.

COLISAN.

Il a raison, ces gens peuvent bien être des malfaiteurs.

FRESCO.

Ils approchent, monsieur, ne nous exposons pas.

COLISAN.

Et bien, mettons-nous quelque part.

FRESCO.

Derrière ce feuillage ?

COLISAN.

Effectivement, de-là nous pourrons voir sans être vu. Viens.
(*Ils se cachent du côté opposé du rocher.*)

SCENE II.

BRISEMONT, L'ARDENT, Troupe de Voleurs.

BRISEMONT.

Où est le capitaine.

L'ARDENT.

Il nous suit.

BRISEMONT.

Vous n'avez rencontré personne ?

L'ARDENT.

Pas même un piéton ; jamais les chemins ne furent si déserts.

BRISEMONT.

Messieurs les gens de bien deviennent paresseux.

L'ARDENT.

Oui, depuis quelque temps, ils ont de la peine à se mettre en voyage.

BRISEMONT.

Cependant par nos fréquentes apparitions sur les chemins et par le soin que nous prenons d'y exécuter, de temps en temps, des scène variées et originales, nous épargnons aux voyageurs la monotonie et les ennuis de la route.

L'ARDENT.

Assurément.

BRISEMONT.

Au reste, c'est notre première sortie ; la seconde peut-être sera plus heureuse. Voici le capitaine.

SCÈNE III.

Les Précédens, LE CAPITAINE des voleurs.

LE CAPITAINE.

A-t-on des nouvelles de notre camarade, qui fit la sottise de se laisser prendre l'autre jour?

BRISEMONT.

Oui, capitaine, il est jugé, condamné.

L'ARDENT.

Et il a subi son jugement.

LE CAPITAINE.

Dis qu'il a fini sa carrière: mourrir les armes à la main, dans un lit, ou sur l'échafaud, peu importe! grands et petits, fous et sages, et ceux qu'on nomme des brigands, finissent par une destinée commune. Tous, les uns plus tôt, les autres plus tard, s'en vont également nourrir la terre, ou servir de pâture aux bêtes carnassières ; mais laissons ce discours: où est Morgan ?

BRISEMONT.

Il nous a quitté pour une entreprise particulière.

LE CAPITAINE.

Je le sais ; mais il devrait être revenu. Camarade, il y a, cette nuit, un beau coup à faire, à deux lieues de chemin de cet endroit. Nous allons repartir. Sommes-nous tous ici ?

BRISEMONT.

Oui, capitaine, voici tout notre monde, excepté Morgan, et les deux hommes restés dans le souterain pour préparer le souper.

LE CAPITAINE.

Fais-les venir, ce n'est pas trop de la troupe toute entière pour le coup hardi que nous allons tenter.

(Brisemont s'approche du rocher, tire à lui un quartier de roc, qui tourne avec effort sur un pivot, et laisse voir une ouverture, fermée par une porte ; il met la clef dans la serrure qui ferme à trois tours. La porte s'ouvre ; il descend dans le souterrain.)

LE CAPITAINE, *après avoir fait le tour du théâtre.*

J'entends remuer le feuillage, écoutons. (*Ils écoutent vivement.*) Quelqu'un s'achemine vers nous. (*Ils mettent tous le sabre à la main. Après un silence.*) Ah! c'est Morgan.

SCÈNE IV.

MORGAN, LE CAPITAINE, Les Voleurs.

LE CAPITAINE.

Qu'apportes-tu là?

MORGAN, *déposant une valise.*

Oh! ceci est de peu de valeur ; mais j'ai avec moi quelque chose de plus précieux.

LE CAPITAINE.

Qu'est-ce que c'est ?

MORGAN.

Une recrue de gens courageux et adroits, que je veux te présenter.

LE CAPITAINE.

Où sont-ils?

MORGAN, *allant vers la coulisse.*

Avancez, mes amis. (*On voit paraître six hommes pen-dables sur leur mise, et sur leur figure.*)

LE CAPITAINE.

Ils ont des figures qui promettent.

MORGAN.

Et qui tiennent. **LE CAPITAINE.**

Sont-ils initiés dans les mystères de notre profession?

MORGAN.

Il y a quinze ans qu'ils l'exercent.

LE CAPITAINE.

C'est quelque chose. Ils sont braves?

MORGAN.

Ils ne craignent ni le danger ni la mort; je réponds d'eux comme de moi-même.

LE CAPITAINE.

Ton discernement et ta fidélité me sont connus, je les reçois sur ta parole. Ce petit renfort nous vient à propos, mais le temps presse, Brisemont n'arrive pas : (*s'avançant vers la porte du souterrain.*) Brisemont, Brisemont !

BRISEMONT, *avec deux autres voleurs.*

Nous voici, capitaine, *il oublie de fermer la porte ; il referme seulement le rocher.*)

LE CAPITAINE, *après un silence.*

Camarades, je vous mène à une entreprise qui demande des hommes; je serai toujours à votre tête; mais s'il est parmi vous des cœurs lâches, qui tremblent ou qui hésitent de me seconder, je jure par toutes les puissances de l'enfer, qu'ils seront mes premières victimes ! Marchons. (*Ils défilent au son de l'orchestre, qui exécute une marche de nuit.*)

SCENE V.

COLISAN, FRESCO.

FRESCO.

Ouf !.... Monsieur, n'est-ce pas trop tôt quitter notre poste?....Juste ciel ! qu'est-ce que nous venons de voir?

COLISAN.

Une bande de voleurs.

FRESCO.

S'ils nous avaient aperçus, ce serait fait de nous.

COLISAN.

Il y a tout lieu de le penser.

FRESCO.

Quels épouvantables coquins !

COLISAN.

La nuit devient noire; tu as ta lanterne sourde?

FRESCO.

Oui, monsieur. COLISAN

Fais du feu. FRESCO.

Vous avez raison. Tâchons de nous reconnaître dans ce lieu dangereux. (*Il prend dans ses poches un briquet et une lanterne sourde; il allume une bougie qu'il met dans sa lanterne.*) Quand on fait comme nous des courses nocturnes au milieu des bois, ce petit meuble est d'une grande utilité. Partons, monsieur. Les voleurs sont allés par-là, prenons le côté opposé.

COLISAN , *s'approchant du rocher.*

Un moment. Donne-moi ta lumière. Il y a sous nos pieds une caverne qui sert de retraite à ces brigands.

FRESCO.

Cela n'est pas douteux.

COLISAN.

C'est-là qu'en est l'ouverture.

FRESCO.

Eh! oui, monsieur; mais éloignons-nous : on respire ici un air homicide.

COLISAN , *sans prendre garde à ce que dit Fresco.*

Qui dirait que ce rocher tourne sur pivot. (*Il ébranle le rocher, et le fait tourner comme il a vu faire à Brisemont.*) Fresco ! Fresco ! ils ont laissé la porte ouverte.

FRESCO.

Que nous importe? c'est trop long-temps rester dans ce coupe-gorge. Allons nous-en. COLISAN.

Non. Il faut pénétrer dans ce repaire, observer par nos yeux ce qu'il renferme ; et après avoir laissé ici quelque marque qui puisse le faire reconnaître, voler chez le magistrat, lui déclarer ce que nous avons vu , et contribuer , s'il se peut, à purger le pays d'un rassemblement qui ne peut que lui être funeste.

FRESCO , *avec beaucoup d'étonnement.*

Y pensez-vous , monsieur, vous voulez entrer dans cette caverne? COLISAN.

Oui sans doute. FRESCO.

Ce dessein est plus que téméraire.

COLISAN.

Quand il se présente une occasion de rendre service à la société, un honnête homme serait coupable de la laisser échapper.

FRESCO.

Mais ces bandits ne peuvent-il pas revenir nous surprendre.

COLISAN.

Rassure-toi : je n'ai rien perdu de leur conversation ; ils vont à deux lieues de cet endroit. Personne n'est resté dans le souterrain, entrons-y tout de suite.

FRESCO , *du ton le plus suppliant.*

Mon cher maître , abandonnez un dessein si funeste.

2

COLISAN.

Si tu crains de me suivre, demeure.

FRESCO, *très-effrayé.*

Rester seul en ce lieu !

COLISAN.

Tu en es le maître.

FRESCO.

Dieu m'en garde. Je suis à vous, je vous aime ; j'irais avec vous dans les entrailles de la terre.

COLISAN.

Viens donc sans délibérer. Prends ta lanterne, et marche devant moi.

ERESCO, *avec beaucoup d'effroi.*

Monsieur.

COLISAN.

Entre donc.

FRESCO.

Non, monsieur, je sais trop ce que je vous dois, passez le premier. (*Colisan entre, Fresco, avant de suivre son maître.*) Allons, puisque c'est-là notre tombeau, tâchons d'y descendre avec résignation. (*Ils entrent, et ils referment le rocher sur eux.*)

SCENE IV.

BRISEMONT, *seul, arrivant du fond.*

Quelle étourderie ! j'ai oublié de fermer la porte ; mais aussi, c'est la faute du capitaine, il nous a emmenés si brusquement. Heureusement je m'en suis ressouvenu avant que nous fussions bien loin, et j'accours réparer cet oubli. Il est vrai qu'à moins que nous ne soyons vendus, on n'ira jamais trouver une porte derrière ce rocher ; mais la chose est possible, et dans notre métier il n'est pas de petites imprudences. (*Il ouvre le rocher, ferme la porte à triple tour, et remet le rocher dans son premier état.*) Bon, tout est en ordre. A présent, courons rejoindre la troupe ; car si je manquais à l'expédition, le capitaine, qui n'attend pas raillerie, ne répondrait à mes excuses que par un coup de son sabre tranchant, avec lequel il vous fait sauter une tête d'homme aussi lestement qu'avec le mien, moi, je ferais voler une tête de pavot.

ACTE II.

SCENE PREMIERE.

COLISAN, FRESCO.

FRESCO.

Avais-je raison, monsieur, de vous dire que nous courrions à notre perte ? Après avoir visité cette caverne, d'une si vaste étendue qu'elle en renferme plus de dix autres peut-être ; après avoir vu avec étonnement les grandes richesses de ces brigands ; nous songeons à la retraite ; mais, hélas ! inutilement ; la porte, fermée à triple verroux, ne cède plus à nos efforts redoublés.

COLISAN.

Nous sommes, je l'avoue, dans un état très-fâcheux. Cependant, ne perdons pas tout espoir : le ciel a réglé la vie des hommes de manière qu'un malheur extrême est voisin fort souvent d'une grande félicité.

FRESCO.

Ah! monsieur, pourquoi vous flatter d'une fausse espérance? nous ne pouvons échapper que par un miracle, et Dieu, sûrement, ne le fera point en notre faveur.

COLISAN.

C'est n'est que pour toi, mon cher Fresco, que je frémis du sort qui nous menace ; car que m'importe, à moi, que ce soit ma douleur ou le fer d'un brigand qui achève ma destinée?

FRESCO.

Il me semble déjà voir ces hommes farouches tomber sur nous comme des tigres en furie, nous déchirer, nous dévorer peut-être. Oui , monsieur, nous dévorer. Beaucoup de ces brigands se nourrissent de chair humaine; on me l'a dit cent fois. J'ai vu là-dedans de grandes broches, de grandes chaudières bouillantes. Nous avons tous deux assez d'embonpoint, s'il leur prenait fantaisie de nous faire rôtir , ou de nous mettre au bleu comme des brochets?

COLISAN.

Calme tes frayeurs.

FRESCO.

Je ne le puis.

COLISAN.

Si tu avais du courage.

FRESCO.

A quoi nous servirait-il ?

COLISAN.

A vendre chèrement notre vie. Si tu avais au moins le courage du désespoir, nous aurions, en mourant, le plaisir de faire mordre la poussière à plusieurs de ces brigands.

FRESCO.

Belle consolation. Gardons-nous bien d'irriter leur fureur par une vaine résistance. Croyez-moi , subissons tranquillement le sort que nous ne pouvons éviter. (*Camille, qui est renfermée dans le cachot fait entendre des plaintes et des mots inarticulés. Avec effroi.*) Monsieur, nous ne sommes pas seuls ici ! (*Colisan prête l'oreille.*) Entendez-vous , Monsieur ?

COLISAN.

J'entends des soupirs.

FRESCO.

Nous sommes perdus !

COLISAN.

Tais-toi, écoutons... Ce sont des sanglots, des cris étouffés , quelques victimes, sans doute.

FRESCO, *tremblant.*

C'est un malheureux que l'on expédie.

COLISAN.

Tâchons de découvrir.

FRESCO, *éperdu de frayeur.*

Où allez-vous, monsieur?

COLISAN.

(*Il cherche, il écoute.*) C'est de là que partent les gémissemens (*Il tire avec force le rideau qui cache la grille.*

SCÈNE II.

(*On aperçoit l'intérieur du cachot; Camille, la tête nue,
les cheveux épars, est assise et appuyée, dans l'atitude
du désespoir, sur une espèce de chaise longue. Une
lampe brûle devant elle.*)

COLISAN, FRESCO, CAMILLE.

COLISAN.

O ciel! une femme!

CAMILLE, *levant la tête.*

Quel son de voix!

COLISAN.

Madame, ne craignez rien; celui qui s'offre à vos regards...
Dieu tout puissant! c'est Camille. (*Il crie.*) Camille!

CAMILLE, *avec un cri.*

Colisan? (*Elle s'élance à la grille.*)

COLISAN.

Chère amante! (*Il prend ses mains et les couvre de bai-
sers à travers la grille.*)

FRESCO.

Camille ici!

COLISAN.

(*Il ébranle la grille d'un bras vigoureux. Vivement.*)
Ces barreaux de fer... ne peut-on?

FRESCO.

Vous voyez bien, monsieur, que cette grille est fermée.

COLISAN, *avec force.*

Il faut l'enfoncer, la briser, N'y a-t-il pas ici quelque instrument?

FRESCO, *cherchant des yeux; il aperçoit la clef pendue au
rocher. Vivement.*

Monsieur, cette clef, peut-être....

COLISAN, *vivement.*

Donne!(*Il met la clef dans la serrure. La grille s'ouvre.*)

FRESCO, *avec joie.*

Justement, c'est la clef. Quel bonheur!

(*Colisan ouvre la grille; les deux amans tombent et de-
meurent un moment dans les bras l'un de l'autre; ils
viennent ensuite sur le devant de la scène.*)

CAMILLE.

O Colisan!... Quoi! c'est vous?

COLISAN.

Oui ! O ma bien aimée ! toute mon âme est pénétrée de l'inexprimable joie de vous revoir.

CAMILLE.

O enchaînement des événemens de la vie ! Et toi aussi Fresco, te voilà.

FRESCO.

Oui, madame, me voilà, et j'en suis inconsolable, je ne vous le cache pas.

CAMILLE.

Par quel hasard !.... Je tremble.... Les brigands.

COLISAN.

Sont partis.

CAMILLE.

Je le sais : voici l'heure.

COLISAN.

Ils sont à une expédition éloignée, j'en ai la certitude.

CAMILLE.

Qui vous a conduit dans cette affreuse demeure ?

COLISAN.

Une inspiration de l'amour.

FRESCO.

Dites plutôt, monsieur, votre fatale curiosité. Nous sommes bien parvenus jusqu'ici ; mais hélas ! plus d'espoir d'en sortir. Je ne sais quel démon jaloux de notre ruine, est venu refermer sur nous la porte.

CAMILLE.

Il me fait frissonner.

FRESCO.

Le ciel nous rassemble pour nous procurer la triste douceur de mourir tous les trois de compagnie.

CAMILLE.

Il n'est que trop vrai, vous n'échapperez point à la barbarie de mes ravisseurs.

COLISAN.

Je crains peu le trépas ; des alarmes plus cruelles troublent mon cœur en ce triste moment. Camille, depuis quand êtes-vous au pouvoir de ces brigands ?

CAMILLE.

Depuis le jour de notre séparation.

COLISAN.

Depuis quatre jours ! Vous me faites frémir.... Mais, comment êtes-vous tombée dans leurs mains ? Par quelle faveur du ciel ont-ils conservé vos jours, respecté votre innocence ? Daignez m'éclaircir, je veux tout savoir, satisfaites à ma vive impatience.

CAMILLE.

A peine m'eûtes-vous quitté pour courir à la recherche de mon bracelet, que plusieurs hommes sortis d'un bois voisin, s'élancent sur moi, et m'environnent. L'un d'eux me prend rudement par la main, et m'ordonne de le suivre. Un cri m'échappe, ils me saisissent, m'entraînent malgré ma résistance, et me jettent dans un charriot couvert. Eperdue ,

hors de moi-même ; privée de l'usage de mes sens, je ne
sais ni par quel chemin ils me conduisirent, ni combien de
tems dura mon évanouissement. Revenue à moi-même, je
porte autour de moi des regards effrayés, et je me vois renfermée dans ce cachot. Un bruit frappe mon oreille ; le chef
des brigands, car c'était lui qui m'avait forcée de le suivre
à l'entrée du bois, reparaît à ma vue. A son aspect mon
sang se glace dans mes veines : il tâche d'adoucir le son de
sa voix, et de m'offrir un visage moins farouche ; mais il me
déclare que je lui plais, et qu'il faut que je réponde à son
ardeur exécrable. Je prie la terre de m'engloutir, Calmez-
vous, a-t-il ajouté, tout brigand que je suis, je sais vivre
avec les femmes. Vous êtes ma prisonnière : mais je ne veux
point user brusquement de mes droits sur vous : je vous laisse
quelque tems pour réfléchir à ce que j'attends de votre com-
plaisance. Pense-tu, lui ai-je dit, que le tems puisse dimi-
nuer l'horreur que tu m'inspire ? Oui, je le crois, m'a-t-il
répliqué. Je lui ai parlé de mes engagemens avec vous, de
l'hymen qui allait nous unir. Il faut y renoncer, m'a-t-il dit ;
cet amant, le monde, la lumière du jour, toute cela est perdu
pour vous ; vous ne sortirez plus de cette retraite, conformez
vos sentimens à votre nouvelle destinée. Je lui ai demandé
la mort. Vous vivrez, m'a-t-il répondu, et vous vivrez pour
moi : je vous donne quatre jours pour vous décider. Qu'ajou-
terai-je à cet affreux récit ? C'est aujourd'hui que le terme
fatal expire ; mais je crains peu les fureurs d'un tel monstre.
La mort, que je n'implorerai pas inutilement...

COLISAN.

La mort !

CAMILLE.

Elle eut déjà terminé mon sort, si une voix consolante,
pénétrant au fond de mon cachot, ne fut venue frapper
doucement mon oreille. Ce fut la nuit même de mon entrée
dans ce lieu. J'entendis ces mots, prononcés distinctement,
à travers ces barreaux : « Fille aimable, espérez : Dieu vous
regarde ; il protège l'innocence. » L'impression que me firent
ces paroles, a calmé jusqu'ici l'excès de mon désespoir ; mais
hélas ! ce ne fut sans doute qu'une illusion. Je n'ai prolongé
ma vie que pour emporter au tombeau la douleur de vous y
entraîner avec moi.

COLISAN.

Camille, ne désespérons point de la bonté du ciel ; il ne
dispose pas des événemens pour qu'ils soient long-tems favo-
rables au crime. Cherchons des moyens de sortir de ces
lieux.

FRESCO.

Des moyens ! en est-il un seul ? C'est bien là se repaître de
chimères.

COLISAN.

A quoi ces brigands s'occupent-ils, dans cette caverne ?

CAMILLE.

Figurez-vous tout ce que la perversité peut offrir de plus effrayant, et vous n'aurez encore qu'une très-faible idée de ce que j'ai entrevu des mœurs de cette troupe de scélérats. La débauche et le meurtre font ici leurs plus doux amusement. Quand les monstres manquent de victimes étrangères, c'est les uns contre les autres qu'ils dirigent leur fureur.

COLISAN.

Et leur chef?

CAMILLE.

Il est le seul qui soit à l'abri de leur rage sanguinaire; ils le craignent, ils le respectent.

COLISAN.

Savez-vous où ils mettent les clefs de leur retraite?

CAMILLE.

Le chef, qui ne s'en rapporte qu'à lui de la sûreté de ces lieux; pendant la nuit, les a toujours à sa ceinture; il m'en a prévenu lui-même.

COLISAN.

C'est ce qu'il est bon de savoir. N'y a-t-il pas ici quelque endroit où nous puissions nous tenir cachés, pour cette nuit seulement?

CAMILLE.

Je ne vois que ces rochers : ne soupçonnant point qu'on ait pu s'introduire ici, ils ne feront sûrement nulle recherche.

COLISAN.

Le chef des voleurs viendra vous visiter à son retour.

CAMILLE.

Toujours, en arrivant de ses courses nocturnes, il me fait supporter son horrible vue.

COLISAN.

C'est cette nuit qu'il exige que vous répondiez à sa passion?

CAMILLE.

Cette nuit même.

COLISAN.

Pardon, si je vous fais toutes ces questions ; elles sont nécessaires. Dites-moi encore, je vous prie : est-ce ici que ces brigands prennent leurs repas?

CAMILLE.

Non, c'est dans une autre caverne que je n'ai pas vue; mais qui communique à celle-ci par une de ces issues.

COLISAN.

Je conçois un dessein. Camille, il faut dissimuler, feindre de voir cet homme avec des yeux moins prévenus. Vous frémissez, je le conçois, l'horreur qu'inspire un scélérat, est difficile à surmonter ; mais quelle résolution ne peut-on prendre contre un cruel ennemi? Faites-vous une violence, vous ne pouvez lui échapper qu'en le trompant.

CAMILLE, *allarmée.*

Expliquez-vous.

COLISAN.

Quand le chef des brigands reparaîtra, faites-lui un accueil plus flatteur, sans affectation, sans contrainte. Donnez-lui à connaître adroitement que, cédant enfin à votre destinée, vous serez sensible à sa passion : et afin de le mieux persuader que vous êtes sincère, demandez-lui à souper ici tête-à-tête. Écoutez bien, ma chère Camille : depuis votre perte, j'avais mon existence en exécration. (*Tirant une petite boîte de sa poche.*) La poudre que contient cette boîte, est un poison très-actif, que je portais sur moi, dans le dessein de me donner la mort, si mes recherches ne vous eussent point rendue à mon amour. Lorsque vous serez à table, et que le vin aura mis en belle humeur votre affreux convive, saisissez l'instant où il ne pourra vous apercevoir, et jettez cette poudre dans son verre ; à peine aura-t-il bu, que vous le verrez perdre le sentiment, et tomber à la renverse. Ne craignez rien, l'effet de la poudre sera si prompt, qu'il n'aura pas le tems d'arrêter sur vous quelque soupçon. Le chef mort et pendant que sa troupe ne songera qu'à s'enivrer dans le fond de la caverne, nous prendrons les clefs, et sortirons de ce gouffre d'iniquités.

CAMILLE.

Vous m'effrayez ! Puis-je me résoudre à causer la mort d'un homme.

COLISAN.

Eh ! cet homme est un monstre souillé de meurtres, dont la tête est mise à prix ; en purger la terre, c'est remplir le vœu de la justice, et celui de l'humanité.

CAMILLE.

Mais la faiblesse de mon sexe.

COLISAN, *vivement.*

Il faut la surmonter. Le péril est extrême ; votre honneur, ma vie, la vôtre, celle de mille autres peut-être dépendent de votre résolution. Prenez cette boîte.

CAMILLE,

Donnez. Puisse le ciel vaincre ma timidité, et affermir mon bras. J'entends un bruit sourd. Juste ciel ! ce sont les brigands.

FRESCO.

Allons, notre heure est venue.

COLISAN, *vivement à Camille.*

Rentrez dans ce cachot. (*Camille rentre ; il referme la grille sur elle, à la clef, tire le rideau, et va remettre la clef à sa place.*) Viens, Fresco, mettons-nous derrière ces rochers.

FRESCO.

Allez, monsieur, puisque c'est nécessaire à vos desseins ; mais en parcourant cette caverne, j'ai remarqué une cachette plus sûre que celle-là ; trouvez bon que je la préfère.

COLISAN.

Tu en es le maître, va.

(*Il court se placer derrière les rochers, Fresco sort par une issue du fond, du côté opposé à celui par où entrent les voleurs.*)

SCÈNE III.

LE CAPITAINE, MORGAN, BRISEMONT.

TOUS LES VOLEURS.

(Brisemont remet au capitaine une grosse clef, qui est celle de l'entrée de la caverne. Le capitaine l'attache à sa ceinture.)

LE CAPITAINE.

L'expédition est manquée.

BRISEMONT.

C'est grand dommage. Un si riche convoi !

LE CAPITAINE.

Le détachement de cavalerie qui lui servait d'escorte était tellement sur ses gardes, s'est défendu avec tant de succès, quand nous l'avons attaqué, que, si je n'étais sûr de la fidélité de toute ma troupe, je croirais qu'il est parmi nous quelque traître.

BRISEMONT.

Il a fallu toute ta présence d'esprit pour nous tirer de ce mauvais pas.

LE CAPITAINE.

Il est vrai que si je n'eusse opposé à leur mouvement une manœuvre plus prompte et plus habile, nous étions enveloppés.

MORGAN.

Ma foi, oui ; pas un seul n'eût échappé.

LE CAPITAINE.

Enfin, ils ont perdu la trace de nos pas ; nous voici. Le péril est passé ; nous n'y pensons plus. Maintenant, mes amis, ne songeons qu'à nous reposer.

MORGAN.

Nous en avons besoin.

LE CAPITAINE.

Et ces six hommes que tu m'as amenés, comment se sont-ils conduits dans l'action ?

MORGAN.

A eux seuls ils ont soutenu le choc de quinze cavaliers.

LE CAPITAINE.

Il suffit. Qu'avons-nous pour souper ?

BRISEMONT.

Un mouton, trois chevreaux, deux hures de sanglier.

LE CAPITAINE.

Qu'on les mette à la broche. Il y a du vin ?

BRISEMONT.

Six tonnes pleines.

LE CAPITAINE.

Bon.

BRISEMONT.

Et ce tonneau de rhum, saisi ce matin dans la forêt.

LE CAPITAINE.

Allez, mes amis, fêter sa bien venue ; moi, en attendant le souper, je vais entretenir ma belle affligée.

(Les voleurs sortent.)

3

SCENE IV.
LE CAPITAINE, CAMILLE.

Il va prendre la clef pendue au rocher, tire le rideau, ouvre la grille, et amène Camille sur le devant de la scène.

LE CAPITAINE.

Eh bien! la belle, vos réflexions ont-elles ramené votre cœur indocile à des sentimens plus raisonnables? Repondez.

CAMILLE.

Monsieur.

LE CAPITAINE.

C'est aujourd'hui le terme de ma patience, vous vous en souvenez?

CAMILLE.

Je l'ai cent fois rappelé dans ma mémoire.

LE CAPITAINE.

Il faut vous décider.

CAMILLE.

Sans délai?

LE CAPITAINE.

Sans nul délai.

CAMILLE.

Ne pouvez-vous donc comprendre que la violence ne peut rien sur la volonté d'une femme?

LE CAPITAINE.

Que m'importe sa volonté, pourvu qu'elle fasse la mienne. Allons, prenez votre parti.

CAMILLE.

Vous êtes pressant.

LE CAPITAINE.

Pas trop. Depuis quatre jours que je donne ici un exemple de modération dont je m'étonne moi-même, vous eussiez payé de la vie les témoignages d'aversion que vous m'avez prodigués, si les attraits dont vous êtes pourvue n'avaient fait sur moi une impression singulière. Que ce soit goût, caprice ou passion, ce sentiment, tout nouveau dans mon âme, a retenu ma juste vengeance; mais songez qu'elle n'est que suspendue.

CAMILLE.

Si vous pouviez lire dans mon cœur, vous n'auriez point à me punir de cette haine que vous me supposez.

LE CAPITAINE, *surpris*.

Vous ne me haïssez pas?

CAMILLE.

J'ai été indignée, je l'avoue, de la violence qui m'entraîna dans cette demeure; mais, quelque défavorable que vous soit ce sentiment, il s'en faut bien qu'il ail e jusqu'à la haine.

LE CAPITAINE, *vivement*.

Serait-il vrai?

CAMILLE.

Non, je ne vous hais point. Il ne m'appartient pas de juger les motifs qui vous ont fait embrasser le métier périlleux que vous exercez; mais votre existence extraordinaire, vous devez le sentir vous-même, a dû surprendre, effrayer même d'abord, une jeune personne élevée dans des principes d'innocence et de vertu.

LE CAPITAINE, *l'interrompant.*

Oh! laissons la vertu; ce mot-là n'entre point dans le voca-
bulaire d'un chef de brigands. Il est vrai que nous avons nos
mœurs, nos coutumes particulières; qu'elles vous aient éton-
née, je le conçois; mais avant peu, vous en jugerez plus
convenablement.

CAMILLE.

Je commence à le désirer.

LE CAPITAINE.

Ici j'exerce un pouvoir absolu; avec le titre de ma compagne,
vous l'exercerez avec moi. Les richesses, la parure, le bon
vin, la bonne chère, des plaisirs sans illusions, mais des
plaisirs solides, tout ici vous composera un bonheur d'autant
plus réel, que rien ne vous obligeant de contraindre vos dé-
sirs, vous pourrez vous y livrer franchement, librement, et
avec toute l'ardeur dont vous êtes capable. Choisissez donc
de commencer une vie vraiment fortunée, en comblant mes
vœux sur-le-champ; ou, par un refus obstiné, de faire tomber
sur vous le plus cruel châtiment.

CAMILLE.

Puisque ma destinée m'invite à bannir toute dissimulation,
sachez donc qu'en jetant les yeux sur vous, je n'ai remarqué
dans votre personne rien qui dût m'affermir dans mes regrets
et mon désespoir. Croyez même qu'en observant mieux les
traits de votre visage, il m'a été impossible de repousser une
prévention....favorable.

LE CAPITAINE.

A la bonne heure; voilà un langage qui nous réconcilie.

CAMILLE.

Il m'est échappé, je ne m'en répens pas.

LE CAPITAINE.

J'avoue même que cet entretien ajoute à tout ce que vous
m'avez inspiré. Je vous aime, foi de brigand.

CAMILLE.

Cette assurance est flatteuse; mais comment y croire, en
songeant au traitement rigoureux que vous me faites éprouver?

LE CAPITAINE.

De quoi vous plaignez-vous ?

CAMILLE.

Depuis mon entrée dans cette demeure, j'habite ce cachot,
où vous ne venez qu'une fois par jour; le reste du tems, je
suis seule, livrée à mes ennuis : avez-vous daigné une seule
fois m'admettre à votre table?

LE CAPITAINE.

Je mérite ce reproche; j'en demeure d'accord. Cependant n'attribuez ma rigueur qu'à vous-même. Vous deve-
nez raisonnable; eh bien ! ma belle, dès ce moment vous
êtes libre en ce lieu, et nous allons souper tête-à-tête.

(*S'approchant de Camille*). Ah çà, mais plus de résistance.

CAMILLE.

Ne me suis-je pas expliquée assez clairement?

LE CAPITAINE.

Dites-moi, je veux l'entendre de votre bouche, que mon bonheur ne sera point différé.

CAMILLE.

Est-ce par des paroles qu'une femme laisse pénétrer ses sentimens? Soupons d'abord, et ma conduite, je vous prie de le croire, vous fera connaître si j'ai d'autre volonté que celle qu'il vous plaira de m'inspirer.

LE CAPITAINE, *avec transport*.

Vous m'enchantez par de si douces paroles. J'y consens. Commençons par souper. La friponne n'ignore pas que le vin développe les caractères, et que la gaieté de la table encourage un amour timide.

SCENE V.

LE CAPITAINE, CAMILLE, BRISEMONT, FRESCO, L'ARDENT, deux autres Voleurs.

BRISEMONT, *tenant Fresco par le collet*.

Capitaine, voici un homme que nous venons de trouver caché dans un coin de la caverne.

LE CAPITAINE.

Un homme!

FRESCO, *tombant à genoux*.

Grâce, grâce, monsieur le capitaine.

LE CAPITAINE.

Qui es-tu?

FRESCO.

Un pauvre diable, sans argent, sans crédit.

LE CAPITAINE.

Qui t'amène parmi nous?

FRESCO.

Le hasard, monsieur le capitaine.

LE CAPITAINE.

Le hasard?

FRESCO.

Oui, égaré dans la forêt, je cherchais un asile pour cette nuit, une porte ouverte parmi des rochers, s'offre à ma vue; jugeant que c'est la retraite de quelques bonnes gens, humains et charitables comme vous, j'entre avec confiance; je me suis jeté dans un coin, là-derrière, sans autre dessein, je vous le jure, que de prendre un peu de repos, en attendant le jour.

LE CAPITAINE.

Dis-tu la vérité?

FRESCO.

Est - ce d'honnêtes gens comme vous, monsieur; que je voudrais tromper !

LE CAPITAINE.

Je sais qu'en effet on a eu l'imprudence de laisser la porte ouverte; mais je ne te connais pas. Tout inconnu pour moi, n'est qu'un animal dangereux, et pour m'en délivrer, je lui donne la mort. (*Il tire son sabre*).

CAMILLE, *à part,*

Je frémis.

FRESCO, *saisi d'effroi.*

Un moment! un moment, monsieur le capitaine, la pitié, l'humanité !

LE CAPITAINE.

La pitié ; on ne connaît point cela parmi nous.

FRESCO.

Je sais bien que vous êtes au-dessus de ces petites considérations. Vous voulez m'ôter la vie, rien de plus juste assurément : le droit naturel nous enseigne à tuer notre prochain, c'est ainsi qu'on en use par toute la terre; mais, messieurs, voudriez-vous sacrifier votre ami, verser le sang de votre frère.

LE CAPITAINE.

Notre ami, toi !

FRESCO.

Personne au monde ne vous considère, ne vous respecte d'avantage.

LE CAPITAINE.

Tu sais donc qui nous sommes ?

FRESCO.

Des braves tels que vous, messieurs, ne se connaissent-ils pas à la mine? Quand je pense au grand nombre de vos ennemis, à toutes les ruses, à tout le courage qu'il vous faut déployer pour leur échapper, je demeure convaincu que vous êtes de grands hommes : je dis qu'on a tort, très-grand tort de vous troubler dans l'exercice d'une profession que vous faites si glorieusement, et vous connaissez trop les principes du droit public, les mœurs et les lois, pour ne pas faire grâce...

LE CAPITAINE, *l'interrompant.*

Tu nous flattes pour nous fléchir, mais c'est en vain. (*Il lève son sabre*).

CAMILLE, *d'un ton suppliant.*

Monsieur !

FRESCO.

Ne me tuez pas, je vous conjure, monsieur le capitaine, ne tuez pas le plus ardent de vos admirateurs.

LE CAPITAINE, *baissant le sabre.*

Tu tiens donc furieusement à la vie?

FRESCO.

Je le confesse; ce que je crains le plus au monde, c'est de mourir.

BRISEMONT.

Ce faquin est pourvu d'une assez ample dose de lâcheté.

FRESCO.

Oui, monsieur le voleur, c'est mon caractère.

LE CAPITAINE.

Il ne mérite guère de tomber sous nos coups.

FRESCO.

Non, messieurs, ce serait vous déshonorer que de répandre un sang aussi abject que celui de votre serviteur.

CAMILLE.

Cet homme n'est pas dangereux.

LE CAPITAINE.

Je le pense de même.

CAMILLE.

Laissez-le vivre ; je vous demande sa grâce.

LE CAPITAINE.

J'y consens : en votre faveur, je lui accorde la vie. Lève-toi. (*Fresco se lève.*) Mais qu'en ferons-nous ?

BRISEMONT.

Si nous le mettons en liberté, il peut indiquer notre retraite.

FRESCO.

Moi, trahir des hommes qui daignent me permettre de goûter encore le plaisir de l'existence, avec une générosité qui sera louée dans tous les siècles. Ah ! messieurs, vous me faites injure.

BRISEMONT.

Pour nous assurer de sa discrétion, gardons-le parmi nous; il est jeune, vigoureux. Capitaine, exige de lui quelques services.

LE CAPITAINE.

Tu as raison. Quel est ton métier? Sais-tu faire la cuisine?

FRESCO.

Vous me parlez de mon élément; c'est-là que je suis un héros.

LE CAPITAINE.

Eh bien ! je te garde à mon service : tu feras la cuisine, et tu nous serviras. Comment te nommes-tu ?

FRESCO.

Je m'appelle Lavaleur.

BRISEMONT, *riant.*

Son nom ne le fera pas reconnaître.

LE CAPITAINE.

Bisemont, tu auras soin d'installer cet homme dans ses nouvelles fonctions; je veux que dès cette nuit, il nous serve à table.

FRESCO.

Ah ! capitaine, que d'obligations.

LE CAPITAINE.

Songe à bien faire ton devoir; car à la moindre faute, nous t'enverrions chercher condition dans l'autre monde. Brisemont, fais mettre ici une table, deux couverts; grande chère, et sur-tout des vins de toute espèce. Va-t-on nous faire souper?

BRISEMONT.

Je pense dans une heure, au plus tard, mais je cours faire
dépêcher nos gens (*à Fresco.*) Suis - moi, Lavaleur ; je vais
te mettre en possession de ton nouveau grade. (*Ils sortent.*)

LE CAPITAINE, *à Camille.*

Eh ! bien, ma charmante, que dites - vous de ma modération, cet homme vous doit la vie. Vous voyez quel est déjà
votre empire, il ne tiendra qu'à vous d'en user long-tems.
Mais j'ignore encore votre nom : comment vous appelez-vous?

CAMILLE.

Camille.

LE CAPITAINE.

Allons, belle Camille, achevez d'éclaircir ce front qui offre
encore quelques petits nuages. Peut-être vous croyez-vous ici
dans une demeure étroite, ténébreuse ; détrompez - vous ; ce
souterrain est vaste, divisé en plusieurs pièces. Dans le fond,
est une grande salle où se tient ordinairement toute ma troupe.
Plus loin, d'autres pièces nous servent de magasin, car nos
trésors sont immenses. Vous allez en juger par vous - même.
je veux, avant le souper, vous faire voir notre habitation.
Allons, donnez-moi la main.

COLISAN, *se montrant sur la pointe du rocher.*

Tout se dispose au gré de mes vœux. Dieu de bonté, fais
éclater ta justice ! (*Il rentre dans le rocher.*)

ACTE III.
SCENE PREMIERE.

Les Précédens, LE CAPITAINE, CAMILLE, BRISEMONT,
FRESCO.

LE CAPITAINE, *à part, à Brisemont.*

La troupe est-elle prête ?

BRISEMONT.

Oui, elle n'attend que le signal.

LE CAPITAINE.

Bon. (*à Camille.*) Belle Camille, vous venez de parcourir
notre habitation ; elle n'est pas, vous le voyez, aussi affreuse
que vous pouviez vous le persuader. Je vous ai montré nos
richesses, maintenant, je veux vous donner une idée de mon
pouvoir. *Il sonne du cor. Les brigands viennent au bruit
d'une musique terrible.*

SCENE II.
Les Précédens, tous les voleurs.

LE CAPITAINE.

Braves compagnons, vous m'avez dignement secondé dans
tous mes travaux ; mais sans moi, j'ose le dire, votre destinée
serait peu digne de votre courage. Vous me devez vos talens,
votre opulence, et la joyeuse vie que vous menez dans cet asile

ignoré de toute la terre. Le commandement que vous m'avez déféré est donc la juste récompense de mes bienfaits. J'attends de vous, un nouveau témoignage de votre soumission, ou plutôt de votre reconnaissance. Jusqu'ici vous m'avez vu un grand nombre de femmes : les unes m'ont appartenu par la force, les autres m'ont prodigué leurs attraits. Ne trouvant en elles que préjugés stupides, ou la plus dégoûtante bassesse de caractère, je les ai toutes méprisées et sacrifiées à ma tranquillité ; ce jeune objet, qui fixe vos regards, m'inspire des sentimens plus élevés et plus dignes de votre chef. Je l'attache à mon sort par des nœuds éternels : mais en lui donant solennellement le titre de ma compagne, je prétends, j'exige qu'elle partage avec moi le pouvoir dont vous m'avez revêtu. Jurez donc, non-seulement de la respecter à l'égal de moi-même, mais de lui obéir en toutes choses comme à votre chef.

TOUS LES VOLEURS.

Nous le jurons.

BRISEMONT.

Allons, camarades, imitez-moi ; vive l'épouse de notre capitaine !

TOUS LES VOLEURS.

Vive l'épouse de notre capitaine ! *Les brigands exécutent plusieurs combats simulés.*

LE CAPITAINE.

Camarades, je suis satisfait de cette nouvelle preuve de votre dévouement. J'ai besoin d'être seul. Allez, braves amis, que le reste de la nuit, que le jour de demain soient consacrés au repos et à la joie, grand festin, grande orgie, débauche toute entière. *Les brigands défilent au son de l'orchestre. Fresco les suit.*

LE CAPITAINE.

Vous voyez belle Camille, que rien ici ne borne mon autorité. L'ascendant de mon caractère, la terreur que mon courage inspire, me donnent le droit de vie et de mort sur tous les hommes qui composent ma troupe. Mes vœux sont des ordres, et mes vœux à peine connus, sont déjà satisfaits. Telle sera votre destinée. *On apporte une table à deux couverts, richement servie, etc.* Asseyons-nous. (*Ils se mettent à table.*) Prenons d'abord un coup de vin. (*Il lui verse à boire.*) Buvez. (*Elle boit.*) Comment le trouvez-vous ?

CAMILLE.

Parfait.

LE CAPITAINE.

C'est du vin des Pyrénées : il me vient de chez un commandant établi dans ce conton. Toutes les abbayes, tous les châteaux circonvoisins relèvent de moi : tous les riches de plus de vingt lieues à la ronde, sont mes vassaux et mes tributaires ; ils le sont, j'en conviens, par le droit de la force; mais n'est-ce pas la loi du plus fort qui gouverne les trois quarts du monde?

CAMILLE.

Vous avez raison.

LE CAPITAINE.

Prenez donc quelque chose. (*Il lui sert à manger.*) Nous ne buvons pas. Goûtez de ce flacon. C'est du vin de Lacryma-Christi. (*Elle boit.*) Qu'en dites-vous?

CAMILLE.

C'est du nectar.

LE CAPITAINE.

Il acquiert une perfection nouvelle par l'approbation que que vous lui donnez.

SCENE III.

Les Précédens, FRESCO, *apportant le dessert.*

LE CAPITAINE.

Ce garçon s'acquitte assez bien de son emploi. (*Parlant à Fresco*) Pas mal, mons Lavaleur: je crois que nous serons contens de ton service. Que font nos gens?

FRESCO.

Ils boivent à la santé de madame, et à celle de leur brave capitaine. Le tonneau de rhum est déjà aux trois quarts expédié.

LE CAPITAINE.

Cela me fait plaisir; mais il faut que nous en goûtions aussi. (*A. Fresco.*) Va dire à Brisemont, qu'il m'en apporte deux bouteilles.

FRESCO, *avec surprise.*

Deux bouteilles de rhum!

LE CAPITAINE.

Cela t'étonne ?

FRESCO.

Non, capitaine! rien ne m'étonne de votre part. Deux bouteilles de rhum! chacun la vôtre, c'est raisonnable. (*Il sort.*)

LE CAPITAINE.

Mangez donc, vous ne mangez pas.

CAMILLE.

Pardonnez-moi.

LE CAPITAINE.

Un second verre.

CAMILLE.

Volontiers.

LF CAPITAINE.

Je vois que nos goûts sympatiseront ensemble. (*Il remplit les deux verres.*) Chantez-vous?

CAMILLE.

Jamais.

LE CAPITAINE.

Tant pis, j'aime le chant, moi. Vous jouez au moins de quelque instrument ?

CAMILLE.

De la guitare, quelquefois.

LE CAPITAINE.

Oh! bien, régalez-moi d'un petit air de guitare; j'en ai une ici justement. (*Il se lève pour l'aller chercher.*)

Dispensez-moi... CAMILLE.

LE CAPITAINE.

Point de contradiction, je ne les aime pas.

Il va prendre la guitare pendue dans un coin. Camille saisit ce moment pour mettre la poudre dans le gobelet du capitaine; celui-ci qui l'observe du coin de l'œil, s'en aperçoit. Revenant avec la guitare, à part.

Elle a jetté quelque chose dans mon verre ; d'étranges soupçons. (*Il lui donne la guitare, et se met à table. A part.*) Elle a un dessein perfide! Dissimulons.

CAMILLE, *après avoir accordé l'instrument.*

Avant que je commence, souffrez que je vous fasse un reproche.

LE CAPITAINE, *froidement.*

Quel reproche avez-vous à me faire ?

CAMILLE.

Depuis que nous sommes à table, vous n'avez pas encore bu à ma santé.

LE CAPITAINE, *sèchement.*

Vous avez raison, je vais réparer ma faute ; mais il me vient une pensée qui ne peut manquer de vous être agréable, si vos sentimens pour moi sont tels que vous le témoignez. J'ai oui dire que pour deux amans qui soupent ensemble, c'est un très-grand plaisir de changer de verre, et de boire ainsi à la santé l'un de l'autre. J'en veux faire l'expérience. (*Mettant son gobelet devant Camille.*) Voilà le mien, donnez-moi le vôtre. (*Il le prend rudement. Avec une ironie cruelle.*) A votre santé, amille. (*Durement.*) Prenez donc ce verre. Hésitez-vous de boire après moi ? Vous pâlissez, vos mains tremblent ? qu'avez-vous ? CAMILLE, *éperdue.*

Pardon : une indisposition soudaine.... (*Colisan paraît sur la pointe du rocher.*)

LE CAPITAINE.

Je suis méfiant, je vous le déclare.

CAMILLE, *a part.*

Je vais succomber.

LE CAPITAINE, *d'une voix terrible.*

Buvez, buvez ce verre de vin, je vous l'ordonne ; mais non : réservons-nous le plaisir de la confondre. Faisons sur quelqu'autre l'essai de ce breuvage : cet inconnu que je viens de garder parmi nous... Oui. (*Appelant*) Lavaleur, Lavaleur!

SCÈNE IV.

Les Précédens, FRESCO, BRISEMONT.

LE CAPITAINE.

Tiens, mon ami, comme je n'ai qu'à me louer de ton zèle à me servir, je veux que tu boive ce verre de vin à la santé de madame et à la mienne.

FRESCO.

Bien obligé, capitaine.

BRISEMONT, *à part.*

Quelle prévenance!

FRESCO.

A votre santé, capitaine! à là vôtre, madame! (*Camille lui fait signe de ne pas boire; il se déconcerte, il se trouble.*)

LE CAPITAINE.

Eh bien!

FRESCO.

C'est que... Foi d'homme d'honneur, capitaine, je n'ai pas du tout soif en ce moment. (*Le capitaine regarde Camille.*)

BRISEMONT.

Il fait bien des façons pour boire un verre de vin.

Il lui arrache le verre des mains, et le boit tout d'un trait; à peine a-t-il bu qu'il tombe à la renverse, et meurt dans des mouvemens convulsifs. Il va tomber dans la coulisse.

LE CAPITAINE.

Voilà donc mes soupçons changés en certitude. Perfide! qu'as-tu mis dans ce vin? Réponds-moi.

CAMILLE.

Je meurs.   *Fresco se sauve.*

LE CAPITAINE.

C'était donc là le prix que tu réservais à mes bontés. *Il tire son sabre, la prend rudement par le bras, et la tient renversée.* Tu vas expier ta trahison. *Colisan s'élance, l'épée à la main, se précipite entre Camille et le capitaine, qu'il écarte d'un bras vigoureux. Que vois-je! Il revient furieux sur Colisan, qui le reçoit avec la même fureur; ils se battent: le cliquetis des épées attire les brigands.*

SCÈNE V.

COLISAN; LE CAPITAINE, MORGAN, voleurs.

Ils enveloppent Colisan et le saisissent.

LE CAPITAINE.

Camarades, cette femme a voulu attenter à la vie de votre capitaine.

MORGAN.

Qu'entends-je!

LE CAPITAINE.

Cet homme qui s'est introduit ici, je ne sais comment, me paraît être son complice; qu'on le mène dans le caveau de mes vengeances ; et qu'il y reçoive le juste châtiment de son impudence et de sa témérité.

CAMILLE, *se jetant aux pieds du capitaine.*

Plongez mille fois ce fer dans mon sein ; mais épargnez la vie de cet infortuné, qui n'a d'autre tort que d'avoir voulu défendre la mienne.

COLISAN , *avec force.*

Camille , lève-toi , ne dégrade pas ton innocence jusqu'à implorer la clémence de ce brigand. Te flatterais-tu d'attendrir un tigre ?

LE CAPITAINE.

Ah ! ah ! ils se connaissent.

COLISAN.

Oui , c'est-là mon amante, mon épouse : à quoi servirait de feindre, quand rien ne peut nous sauver de ta barbare fureur. Tu voulais unir son sort à ton affreux dessein, associer l'innocence au crime. Vas, monstre farouche, vas dans les forêts chercher une compagne parmi les bêtes féroces, tes semblables, en attendant que la vengeance des lois, qui tôt ou tard atteint les scélérats, vienne enfin t'arracher le jour dont tu souilles la pureté par ta vie exécrable.

LE CAPITAINE.

Qu'on l'entraîne, et qu'il meure. Morgan, je vous charge de l'exécution, toi et les six hommes enrôlés d'hier dans ma compagnie ; ce coup d'essai nous mettra à portée de juger de leur capacité. Moi, pour bannir l'inquiétude que me me causent l'apparition et les desseins de cet homme, je vais observer les dehors du souterrain. Qu'on laisse ici cette femme jusqu'à mon retour ; je veux même qu'on lui rende son amant, qu'on le rapporte en ce lieu. (*Avec une ironie féroce.*) Oui, beauté fidèle, vous allez revoir l'objet de votre flamme, après toutefois qu'il aura reçu le prix de son audace. (*Parlant aux voleurs.*) Vous m'entendez. (*Fausse sortie.*) Ah ! cet homme que j'ai retenu ici pour nous servir me devient aussi fort suspect.

MORGAN.

C'était ma pensée.

LE CAPITAINE.

Il est prudent de s'en défaire. Mais auparavant je veux l'interroger. Tu me l'amèneras après l'exécution.

MORGAN.

Il suffit , capitaine ; tes ordres seront exécutés.

(*Le capitaine sort.*)

CAMILLE.

Cher époux !

COLISAN.

Camille ! imite mon courage ! sachons mourir.

Elle s'élance dans ses bras ; on les sépare. Morgan et les six nouveaux voleurs défilent d'un côté avec Colisan qu'ils emmènent. Les autres voleurs sortent par le côté opposé.

CAMILLE , *seule.*

Ils l'entraînent....De quelles horreurs suis-je environnée !
le crime triomphant, ses mains fumantes du sang de l'homme
de bien, du sang de mon époux !..O Dieu ! par quelle action
de ma vie ai-je mérité d'être plongée dans cet horrible abîme
de l'infortune ! Colisan, tu vas mourir, mourir sans moi !
(*avec une force concentrée.*) Non, je cours partager ton supplice. (*Elle court éperdue.*) Son supplice ! déjà peut-être..
une sueur froide.. (*On entend une fusillade dans le fond
de la caverne. Avec un cri concentré.*) Il est mort !... (*Elle
tombe évanouie.*)
*Les six nouveaux brigands apportent Colisan, étendu sur
un brancard; il est couvert d'une draperie couleur de
pourpre; ils le déposent dans le fond, sur une estrade,
et sortent. Camille revient à elle, se lève, et marche sur
la scène.*

SCÈNE VI.

CAMILLE, *seule.*

Mon esprit et mes yeux sont couverts d'un nuage.....Où
suis-je ? (*Avec effroi.*) Encore dans ce repaire du crime !...,
quel spectacle !
*Elle approche, écarte la draperie d'une main tremblante,
et recule en jetant un cri d'horreur et d'effroi. Colisan
présente la pâleur de la mort. Ses cheveux épars tombent
sur son visage; ils sont surmontés d'un linge ensanglanté.
Camille revient près de son amant avec fermeté.*
Prenons le courage de ma situation : ayons la force de con-
templer cette image , d'en repaître mes yeux.
*Elle tombe sur Colisan qu'elle embrasse avec force.
Colisan se relève vivement, et la presse dans ses bras.*
O prodige !

COLISAN.

Camille, reprenez vos sens.

CAMILLE.

Sommes-nous réunis dans le séjour des morts, ou par un
miracle de l'amour, mon âme a-t-elle rappelé la tienne ?
*COLISAN s'élance à terre, ôte son bandeau, et après avoir
regardé si personne ne vient.*
Calme tes esprits, ô ma bien aimée ! et écoute-moi. Conduit dans une autre caverne moins spacieuse que celle-ci,
on me fait mettre à genoux. L'un des brigands destinés à me
faire périr, s'approche de moi, et en ceignant mon front de
ce bandeau sanglant, il me dit bas à l'oreille : « Nous allons
feindre de tirer sur toi ; au bruit des coups de fusil, tombe
soudain sur la terre, et garde l'attitude immobile d'un
homme expiré, jusqu'à ce qu'une voix vienne te dire : lève-
toi et sors de ces lieux ». A ces mots, il a rejoint sa troupe,
rangée derrière moi pour l'exécution. Le plomb meurtrier a
sifflé sur ma tête sans me faire de mal. J'ai fait ce que cet

homme m'a prescrit. Soudain, l'on m'a enlevé, mis sur ce brancard, et apporté dans ce lieu.

CAMILLE.

Cet avis mystérieux me persuade que cette voix est la même qui, dans le cachot, m'invitait à l'espérance. Quelques-uns de ces brigands seraient-ils touchés de notre sort? On vient. (*Colisan s'élance sur le brancard et reprend sa première attitude. Camille remet sur lui la draperie.*)

SCENE VI.

LE CAPITAINE, CAMILLE, COLISAN, *sur le brancard.*

LE CAPITAINE, *mettant ses pistolets sur la table.*

Tout est calme autour de notre retraite, et rien ne me fait présumer que nous soyons découverts; bannissons toutes alarmes. (*Apercevant le brancard. Avec joie.*) Ah! mes ordres sont exécutés! (*Parlant à Camille.*) Eh bien! beauté sensible, vous gardez le silence; vous ne me remerciez pas de mes soins généreux, moi qui ai la bonté de vous faire jouir encore de la présence de votre amant, de vous ménager la douceur d'être avec lui. Le voilà, cet objet si cher! Allez donc lui parler de votre tendresse, lui prodiguer vos embrassemens, vos transports.

CAMILLE.

Va, meurtrier farouche, laisse-moi mourir.

LE CAPITAINE, *avec fureur.*

Tu mourras, sans doute, c'est bien mon intention; mais avant, je veux jouir de tes tourmens, les prolonger par ma présence : je prétends même...(*Il la prend rudement par le bras.*) Allons, suis-moi.

CAMILLE, *se défendant.*

Monstre exécrable !

LE CAPITAINE, *d'une voix terrible.*

Suis-moi, te dis-je.

Colisan s'élance légèrement, saute sur les pistolets que le capitaine a mis sur la table, et lui brûle la cervelle. Si les pistolets ratent, il le tue d'un coup de sabre, pour ne pas manquer l'effet de cette scène. Camille, effrayée, jette un cri.

COLISAN.

Rassurez-vous, ma chère Camille; ce brigand a fait beaucoup de mal, mais il n'est plus en état d'en faire à personne.

CAMILLE.

Et ses compagnons !.. (*Un grand bruit se fait entendre dans la coulisse.*) Je les entends; ils accourent.. Il faut donc subir notre affreuse destinée.

Colisan les attend dans l'attitude la plus intrépide, tenant d'une main Camille, et de l'autre son épée.

SCENE VIII.

Les précédens, MORGAN.

MORGAN, *accourant le sabre à la main.*

Où est le capitaine?

COLISAN, *tranquillement.*

Le voilà.

MORGAN.

Il est mort.

COLISAN.

Oui.

MORGAN.

Qui l'a tué?

COLISAN.

Moi.

MORGAN, *lui tendant les bras.*

Viens, brave jeune homme, que je t'embrasse!

COLISAN, *reculant.*

Que vois-je?

MORGAN.

Vous êtes étonné, je le conçois. (*Allant vers la coulisse du fond*). Venez, mes amis.

Les six hommes amenés par Morgan, paraissent, tenant deux brigands enchaînés; Fresco les suit le sabre à la main.

MORGAN, *parlant à ses gens.*

Vous avez délivré le monde de ce ramas de scélérats qui en infestaient la surface; mais c'est à cet intrépide jeune homme qu'était réservé l'honneur d'abattre leur chef. (*Montrant le capitaine mort.*) Le voilà. (*A Colisan.*) Votre surprise augmente; sachez donc que ni moi, ni ces six hommes, nous ne sommes point des brigands. Révolté des vols, des meurtres nombreux, commis par cette troupe d'assassins, dont on n'avait pu saisir la trace, j'ai résolu, moi, d'en purger le pays. C'est de l'aveu des magistrats que j'ai tenté l'entreprise; autorisé par eux à user, pour les détruire, de tous les moyens que me suggérerait mon zèle, je suis parvenu sous ce déguisement, à les joindre, à m'introduire parmi eux, et sur-tout à gagner la confiance de leur chef. Avant de rien entreprendre, j'ai voulu tirer de lui le secret de ses nombreux complices; car il en avait partout. Je les connais; demain ils seront tous sous la puissance de la loi. Hier, j'ai amené, comme une recrue de scélérats, dignes de la roue, ces six braves, d'une probité et d'une intrépidité à toute épreuve. Notre dessein était d'attendre l'occasion de frapper ces brigands, et de les immoler avec sécurité; aujourd'hui elle s'est présentée. Tombés ivres morts à la suite d'une orgie, et par la violence du rhum qu'ils ont bu avec une avidité qui tenait de la fureur, nous n'avons pas eu de peine à les faire passer de l'ivresse au trépas.

COLISAN.

Ils sont morts !

FRESCO.

Tous !

MORGAN.

Tous, excepté ces deux chefs, qui résistaient encore à la force des liqueurs qu'ils ont bu, et que nous amenons, pour que leur supplice serve d'exemple à leurs pareils.

CAMILLE.

O providence !

MORGAN.

Ces brigands ont tenté cette nuit d'enlever un riche convoi destiné pour l'armée ; c'est moi qui ai fait manquer l'expédition ; c'est moi, madame, dont la voix, interrompant le silence lugubre de votre prison, vous offrait l'espérance d'une meilleure destinée ; c'est moi enfin, brave jeune homme, qui vous ai parlé dans le caveau où vous attendiez le trépas.

COLISAN, *l'embrassant.*

O mon libérateur !

CAMILLE.

Ah ! monsieur, comment nous acquitter jamais d'un tel service ?

MORGAN.

Vous ne me devez rien, madame ; j'ai fait mon devoir, j'ai vengé la société.

COLISAN.

Et toi, Fresco, que faisais-tu pendant l'action ? A ton air martial, je juge que tu as bien secondé ces braves gens.

FRESCO.

Je vous en réponds, monsieur. De la pointe d'un rocher, où je m'étais posté, je les encourageais.

COLISAN.

De la voix ?

FRESCO.

Non, des yeux et du geste.

COLISAN, *riant.*

Cet exploit est digne de ton courage. Venez, chère Camille, et vous, mes dignes amis, sortons de cet horrible lieu. et allons remercier le ciel d'avoir puni le crime et sauvé l'innocence.

BIBLIOTHÈQUE ROYALE

www.ingramcontent.com/pod-product-compliance
Ingram Content Group UK Ltd.
Pitfield, Milton Keynes, MK11 3LW, UK
UKHW031729170726
13836UKWH00002B/524